CHAMBRE DE COMMERCE DE PARIS

RAPPORT

SUR UNE NOTE DU

LABORATOIRE MUNICIPAL

DÉFENDANT

SON FONCTIONNEMENT

Rapport présenté à la Chambre de Commerce de Paris,
le 28 novembre 1883,
au nom de la Commission des Douanes, Entrepôts et Marchés.

Par F. JARLAULD

PARIS

IMPRIMERIE ET LIBRAIRIE CENTRALES DES CHEMINS DE FER

IMPRIMERIE CHAIX

SOCIÉTÉ ANONYME AU CAPITAL DE SIX MILLIONS

Rue Bergère, 20

1883

RAPPORT

SUR UNE NOTE DU

LABORATOIRE MUNICIPAL

DÉFENDANT

SON FONCTIONNEMENT

Rapport présenté à la Chambre de Commerce de Paris,
le 28 novembre 1883,
au nom de la Commission n° 1 (Douanes, Entrepôts et Marchés)

par F. JARLAULD (1).

———

MESSIEURS,

M. le Ministre du Commerce a bien voulu nous communiquer la note qu'il a reçue du Laboratoire municipal, en réponse au rapport que nous avons présenté le 21 février dernier sur son fonctionnement.

Cette note renferme des objections que vous avez chargé la Commission n° 1 d'examiner, en décidant qu'elle vous donnerait son avis, après que le soussigné aurait été entendu par une Commission du Conseil municipal qui, nommée pour étudier le fonctionnement du Laboratoire, avait exprimé l'intention de recevoir les observations verbales du Président du syndicat des vins et spiritueux en gros de Paris.

Or, l'entrevue a eu lieu en présence du chimiste en

(1) Membres de la Commission : Félix Dehaynin, *président*. — Fortier-Beaulieu. — Henri Fould. — Mignon. — Person. — Way. — F. Jarlauld, *rapporteur*.

chef, Directeur de cette institution. La question a été débattue longuement et contradictoirement, et le soussigné mis ainsi à même de discuter le sujet dans tous ses détails, a l'honneur de s'acquitter aujourd'hui de la tâche qu'on a bien voulu lui confier.

Le Laboratoire prétend qu'une seule critique, sérieuse en apparence, lui est adressée et qu'elle a trait à la moyenne.

Cette moyenne, qu'il a fixée pour les vins à 12 degrés d'alcool et à 24 grammes d'extrait sec, serait basée, selon lui :

1° Sur les analyses de tous les chimistes spéciaux ;

2° Sur les publications mêmes des journaux vinicoles ;

3° Et enfin sur les analyses faites par M. le Directeur du Laboratoire en 1881 sur plus de 1,700 échantillons.

J'ai démontré au Conseil municipal que tous les chimistes spéciaux qui se sont occupés de la moyenne des vins d'opération livrés à la consommation parisienne, chimistes spéciaux dont on invoque le témoignage, se réduisent à un seul, M. Magnier de la Source, lequel a déclaré publiquement que sa moyenne à lui est de 21 et non de 24 grammes et qu'il proteste « hautement contre » la prétention du Laboratoire de lui faire assumer la » responsabilité d'une allégation qui, à son humble avis, » ne supporte pas l'examen. »

J'ai prouvé, d'autre part, que le seul journal qui ait parlé de coupages vendus au degré et à l'extrait est, non pas un journal vinicole, mais l'organe des détaillants de Paris, et que ce journal s'est borné à insérer la réclame d'un certain Entrepôt syndical, qui avait assurément le droit d'offrir sa marchandise dans les termes qu'il lui convenait d'employer; mais que ces termes ne pouvaient engager ni compromettre que lui seul. Son innovation ne lui a, d'ailleurs, pas porté bonheur, car l'Entrepôt syndical est, depuis, tombé en faillite; ce qui prouve, par parenthèse, qu'il ne suffit pas de fournir du degré et de l'extrait pour satisfaire le consommateur.

Quant à l'argument tiré de la moyenne des analyses faites par le Directeur du Laboratoire des 1,700 échantillons en 1881; qui ne voit d'abord, ai-je fait observer au Conseil municipal, qu'une moyenne implique naturellement un minimum et un maximum et qu'il y avait évidemment dans ces 1,700 échantillons des vins au-dessus et au-dessous de 12 degrés et de 24 grammes? Puis, en la supposant démontrée cette moyenne, n'est-ce pas faire de l'arbitraire que d'en inférer que tout négociant est tenu de vendre du vin de coupage à 12 degrés et à 24 grammes, sous peine d'être considéré *à priori* comme un falsificateur? Je n'ignore pas, a répondu alors M. le Directeur au Conseil, qu'un coupage peut ne donner que 11, 10, 9 et même 8 degrés d'alcool; que 23, 22, 21 et même moins d'extrait, mais alors j'exige que le négociant me fournisse des échantillons en m'indiquant le cru, l'année et la proportion de chaque vin entré dans le coupage. — Cela équivaut à dire, ainsi que je l'ai fait remarquer au Conseil municipal: Ce n'est pas au Laboratoire à prouver que la marchandise est falsifiée, mais au négociant à démontrer qu'elle ne l'est pas. Singulière interversion des rôles et aussi peu juridique que possible.

En tout cas, l'aveu de M. le Directeur est d'autant plus important à retenir, qu'il n'est que la confirmation du fait cité dans le Rapport de la Chambre de Com-

merce du 21 février dernier, au sujet d'une fourniture à
l'Assistance publique que le Laboratoire prétendait falsifiée, parce que cette fourniture n'avait pas 12 degrés et
24 grammes. — Mais ce n'est pas du vin de coupage, c'est
du vin de l'Hérault, objecta le fournisseur. — C'est vrai,
dit l'Assistance. — Dans ce cas le vin est en nature,
répliqua le Laboratoire.

Cela n'empêche pas M. le Directeur de continuer
d'affirmer dans sa note qu'il n'applique pas sa moyenne
de coupage aux vins en nature.

La note du Laboratoire fait ensuite remarquer :

« 1º Que contrairement aux allégations du Rapporteur
» du 21 février, le coupage des vins n'a jamais été admis
» par les auteurs des lois de 1851 et de 1855, qu'à la
» condition de fournir un produit supérieur aux com-
» posants;

» 2º Que dans l'exemple cité dans le Rapport de la
» Chambre de Commerce, c'est le contraire d'une amé-
» lioration qui se produit;

» 3º Enfin, que pour être avantageux et répondre en
» même temps aux désirs de la loi, le coupage pris en
» exemple devrait être composé dans les proportions
» inverses. »

Autant de propositions, Messieurs, autant d'inexacti-
tudes.

1º Nous n'avons produit aucune allégation quelcon-
que à propos des lois de 1851 et de 1855, mais puis-
qu'on a cru pouvoir en invoquer les auteurs, j'ai le
droit de faire remarquer qu'ils n'ont jamais pu supposer
que le coupage de deux ou plusieurs vins fournît un
produit supérieur aux composants; en effet, lorsque l'on

coupe du vin supérieur avec du vin inférieur, on ne peut obtenir un mélange supérieur au vin supérieur, pas plus qu'en additionnant le chiffre 4 et le chiffre 2, on ne peut obtenir une moyenne supérieure au chiffre 4. Cela est clair.

2° Que dans l'exemple cité par la Chambre de Commerce on a parfaitement amélioré le vin de Basse-Bourgogne ; — puisque le coupage a donné 8 degrés et 17 grammes, — c'est-à-dire un degré et deux grammes de plus que n'avait le Basse-Bourgogne avant le coupage. C'est mathématique.

3° Que si on avait fait le coupage dans les proportions inverses, on aurait, au contraire, affaibli le Narbonne qu'on aurait réduit, comme il est facile de le calculer, à 11 degrés et à 23 grammes, c'est-à-dire amené au-dessous de la moyenne exigée de 12 degrés et de 24 grammes, et par conséquent falsifié d'après la théorie du Laboratoire. Cela est encore mathématique.

Ainsi, un négociant prend deux vins en parfaite nature — Centre et Midi — il les coupe dans les proportions du Rapporteur, 4 cinquièmes Basse-Bourgogne et 1 cinquième Narbonne, ou bien, suivant la formule tout aussi dangereuse du Laboratoire, 4 cinquièmes Narbonne et 1 cinquième Basse-Bourgogne, ou dans toute autre proportion, suivant le goût du consommateur, et il se trouve que le mélange est falsifié à *priori* ; je vous demande, Messieurs, si cette falsification toute nouvelle est admissible.

Le commerce des vins en gros, m'a-t-on dit devant le Conseil municipal, se plaint de la moyenne de 12 degrés et de 24 grammes ; mais cette moyenne a été, pour ainsi dire, exclusivement instituée à l'usage des détaillants de

Paris afin de pouvoir, en leur accordant une certaine tolérance, exiger d'eux un minimum de 10 degrés et de 20 grammes.

Connaîtriez-vous des négociants qui aient été condamnés pour avoir livré du vin s'écartant des 12 degrés et des 24 grammes? Je n'en connais qu'un, ai-je répondu, qui, d'abord condamné en première instance, fut acquitté en appel, mais j'en connais plusieurs dont j'ai les pièces en mains qui ont été très sérieusement incriminés; sans compter un bien plus grand nombre d'autres qui ne m'ont pas autorisé à citer leurs noms. Et c'est, ai-je ajouté, l'explication bien naturelle de mon intervention dans ces débats. Puis, je fis passer sous les yeux du Conseil plusieurs bulletins du Laboratoire qui avaient amené ces entrepositaires devant la justice. Pour me borner à deux exemples, un de ces Bulletins, portant 9 degrés 20 centièmes d'alcool et 19 grammes 80 centièmes d'extrait, concluait à 23.34 centièmes pour cent de mouillage par l'alcool et à 17.50 centièmes pour cent par l'extrait. Or, sur l'avis contraire de trois chimistes, MM. Magnier de la Source, L'Hote et Portes, cités devant la Cour, le négociant dont j'ai parlé tout à l'heure fut acquitté. Un autre bulletin, indiquant 11.97 centièmes d'alcool et 22.15 centièmes d'extrait, concluait à 0 pour cent d'eau par l'alcool et à 7.71 centièmes pour cent d'eau par l'extrait. Pour cette dernière espèce, comme pour toutes celles que j'ai pu produire, il y eut non-lieu, soit que le parquet, après explication, n'ait pas admis les conclusions indiquées par le chef du Laboratoire, soit qu'un autre chimiste consulté n'ait pas partagé son avis. En attendant le non-lieu, je vous laisse à juger, Messieurs, par quelles transes avaient passé ces entrepositaires, accusés d'avoir mouillé leur vin par cette seule et unique raison qu'il n'atteignait pas les 12 degrés et 24 grammes.

N'est-il pas d'ailleurs un peu étonnant qu'alors que M. Pasteur ne se prononce qu'à 5 pour cent près sur la proportion d'une addition d'eau, le Laboratoire affirme catégoriquement cette falsification à un centième de pour cent?

Est-il admissible, d'autre part, qu'un vin falsifié par addition d'eau puisse l'être de 23.34 centièmes pour cent quant à l'alcool et seulement de 17.50 centièmes pour cent quant à l'extrait; ou encore de 0 pour cent par l'alcool et cependant de 7.71 centièmes pour cent par l'extrait, comme on l'a vu ci-dessus? Si l'on met 20 pour cent d'eau sur du vin ayant, je suppose, 10 degrés et 20 grammes, il est clair que ces deux titres doivent descendre, le premier à 8 degrés et le second à 16 grammes, c'est-à-dire baisser l'un et l'autre dans la même proportion de 20 pour cent.

Du moins, Messieurs, si nous n'avons pas réussi à convaincre M. le chef du Laboratoire de la convenance qu'il y aurait à soumettre sa moyenne, ses théories, ses procédés à des chimistes aussi compétents et un peu plus désintéressés que lui dans la question, nous avons été plus heureux auprès de M. le Ministre du Commerce, qui, après avoir demandé à plusieurs reprises à notre Chambre un certain nombre d'exemplaires de son rapport du 21 février, vient, ainsi que vous avez pu le lire à l'*Officiel* du 29 septembre dernier, de nommer une commission composée de MM. Wurtz, Pasteur, Brouardel, Grimaud et Armand Gautier, chargée de se prononcer sur les moyennes au-dessus et au-dessous desquelles les denrées seraient déclarées mouillées ou falsifiées. Il s'agit là sans doute de *minima* ou de vins en nature, car vouloir déterminer la moyenne d'un coupage dont on ignore nécessairement les éléments, c'est à peu près comme si l'on prétendait donner le quotient d'une opération dont on ne connaît ni le dividende ni le diviseur. Nous aurons donc avant peu l'opinion de ces savants, sur le point de savoir si du vin livré à la consommation parisienne par le commerce de gros doit avoir *ne varietur* 12 degrés et 24 grammes, sous peine d'être considéré comme fraudé.

Reste la question de la publicité mensuelle et retentissante donnée aux analyses du Laboratoire. A ce sujet nous avons exprimé le vœu, non pas qu'elle fût supprimée, de sorte que le Laboratoire dans sa note s'étend bien inutilement sur les mérites de cette publicité, mais qu'elle fût réformée dans sa partie statistique, afin de ne pas nous déconsidérer à plaisir et nous exposer à perdre notre renommée de première nation vinicole du monde. En réponse, le Laboratoire prétend d'une part que cette demande n'est pas justifiée et d'autre part qu'il n'a trouvé jusqu'ici auprès de ceux qui critiquent son fonctionnement aucune indication utile.

Le vœu de la Chambre de Commerce n'était pas justifié ! — Mais le Laboratoire vient justement de lui donner satisfaction : c'est en effet depuis quelques mois, c'est-à-dire depuis le dépôt de notre rapport (lequel faisait remarquer, page 10, qu'on ne porte à cet établissement ou qu'il n'analyse que les vins douteux et suspects) c'est, dis-je, depuis le dépôt de notre rapport qu'on lit enfin sur chaque bulletin mensuel l'avis que : « Les échan-
» tillons déposés par le public au Laboratoire ou ceux
» provenant des prélèvements effectués par MM. les
» experts-inspecteurs, sont généralement soupçonnés
» d'être de mauvaise qualité ; nous croyons devoir rap-
» peler, disent ces bulletins, que la qualification bon,
» passable, mauvais ou nuisible donnée aux échan-

» tillons compris dans la statistique du Laboratoire ne
» s'applique exclusivement qu'à ces échantillons. Ceux-ci
» ne sauraient donc, dans ces conditions, représenter la
» *qualité moyenne* des denrées alimentaires vendues par le
» commerce parisien. »

Voilà, Messieurs, comment le vœu de la Chambre de
Commerce n'était pas justifié !

J'ajouterai que la preuve, au contraire, que ceux qui
prennent la liberté de critiquer le fonctionnement du
Laboratoire ont fourni des indications utiles, c'est qu'on
vient précisément de se rendre à leurs observations. On
ne se borne plus en effet à donner les qualifications
vagues de bon, passable, mauvais non nuisible et mauvais nuisible; on inscrit enfin depuis quelques mois aussi
sur les bulletins mensuels la nature des falsifications.

On comprend en effet, ai-je dit au Conseil municipal,
que le dégustateur emploie pour exprimer ses sensations,
l'échelle infinie des qualificatifs. Tel vin, dira-t-il, est
charnu, corsé ou fin, délicat, moelleux, exquis ou brillant,
ou soyeux, ou plein de fruit, de bouquet, de sève, etc.;
— tel autre est maigre, douceâtre, ou commun, grossier,
acerbe, acide, vert, dur, sec, ou âpre, astringent, stypti-
que, ou entaché d'empyreume, de terroir, etc, etc.
Mais la chimie ! La chimie est une science précise,
exacte qui ne se contente pas d'à peu près ; elle prend
ses balances et ses réactifs, et elle dit : tel vin a tant
d'extrait, tant de sucre, tant d'alcool, tant de cendres,
tant de sulfate, tant de tartre, etc.; il est tel que l'a
produit la nature, ou bien additionné de matières étran-
gères. Que le vin ait été produit par le noble pineau ou
le roturier gamay, qu'il vienne d'Argenteuil ou du
Médoc, le savant s'exprime en éléments, en centigram-
mes, en tant pour cent. Pour lui, en un mot, le vin

est normal ou anormal. Et, s'il est anormal, il l'explique en disant la nature de la falsification : il est falsifié par addition d'eau, par matière colorante, par glucose, par acide salicylique, etc. Or, le Laboratoire vient enfin d'entrer dans cette voie qu'on lui indique depuis le 24 septembre 1881 (*). Voici, en effet, les analyses de juillet et août derniers. Sur 1,135 échantillons il y en eu de falsifiés 461 par addition d'eau, 104 par sucrage ou piquette, 9 par coloration artificielle et 11 par acide salcylique.

(*)

Paris, le 24 septembre 1881.

Monsieur le Directeur du Laboratoire municipal,

Je prends la liberté de reproduire ici les observations que j'ai eu l'honneur de vous présenter verbalement au sujet des opérations du Laboratoire municipal.

J'ai appelé votre attention sur les qualifications de *bons*, *passables* et *mauvais* que vous donnez aux vins qui vous sont soumis. Sur 100 échantillons, vous en trouvez 4 bons, 34 passables et 62 mauvais.

En lisant ces chiffres, le public qui ne sait pas toujours que vous n'analysez en somme que la marchandise qui a paru suspecte à son détenteur, est disposé à conclure qu'il est bien près d'être empoisonné. Or, la vérité est que vous avez reconnu que le mot mauvais vous sert à qualifier tout ce qui est :

ou mouillé,
ou piqué,
ou à l'amertume,
ou au gras,
ou plâtré à plus de 2 grammes,
ou salicylé,
ou fuchsiné, etc.

Notre syndicat, vous ne l'ignorez pas, monsieur, ne cesse de protester de toutes ses forces, — il l'a fait encore très énergiquement cette année — contre toutes les falsifications, de quelque nature qu'elles soient, mais il ne peut s'empêcher de remarquer qu'il y a pour tout le monde une différence entre du vin mouillé et du vin fuchsiné, par exemple. Quant au vin piqué, à l'amer ou au gras, il n'est jamais livré dans cet état par le marchand; on peut affirmer que la

Si l'on constate d'après ces nouveaux bulletins, que près de la moitié *des échantillons soupçonnés* est falsifiée par addition d'eau, de piquette ou de raisins secs (en supposant d'ailleurs la moyenne et les analyses du Laboratoire exactes, ce qui reste toujours à démontrer), du moins ce vin n'a-t-il rien de contraire à la santé, et la proportion signalée comme nuisible se chiffre-t-elle par 2 0/0 seulement *des échantillons suspects.* Avant

---

piqûre provient exclusivement du fait du consommateur qui tirant à même le fût provoque forcément l'acescence, et que l'amertume et le gras sont des maladies propres aux meilleurs vins, maladies qu'il est impossible de prévoir.

Pour le plâtrage, vous savez qu'une lettre de M. le garde des sceaux du 21 septembre 1880, supprimant toute exécution de sa circulaire du 27 juillet précédent, informait les cultivateurs qu'ils n'auraient pas à redouter l'intervention de la justice, quant à la préparation de la nouvelle vendange.

D'autre part, la douane a laissé passer par millions d'hectolitres les vins d'Espagne et d'Italie dont certains ont jusqu'à 4 et 5 grammes de sulfate de potasse par litre. Par suite, il est évident que, de par la tolérance du gouvernement, il existe dans nos Entrepôts une certaine quantité de vins plâtrés à plus de 2 grammes, tels qu'ils le sont d'ailleurs depuis un temps pour ainsi dire immémorial.

De tout cela, j'ai conclu, monsieur, que la Préfecture devrait vous autoriser à placer à côté du mot mauvais son explication : mauvais pour cause de mouillage, de plâtrage, d'acide salicylique, de fuchsine, etc.

Grâce à cette indication, chacun aurait sa part et le genre de responsabilité qui lui incombent.

Dans des matières aussi délicates, l'Administration doit avoir à cœur de dire toute la vérité, mais rien que la vérité, tant par esprit de justice, que pour ne pas alarmer inutilement le consommateur.

Dans l'espoir que vous voudrez bien communiquer mes observations à la Préfecture, et qu'elles y recevront un accueil favorable, je vous prie d'agréer, etc.

Le Président du Syndicat des vins et spiritueux en gros de Paris et du département de la Seine,

F. JARLAULD.

cette classification rationnelle, Paris, auquel le Laboratoire se plaisait à répéter bruyamment tous les mois qu'il buvait 56 0/0 de vins mauvais ou détestables, Paris se croyait à peu près empoisonné; — Paris sait aujourd'hui que la vérité vraie est qu'il consomme parfois du vin médiocre ou mouillé. Certes, cela n'est pas édifiant, cela est fâcheux, mais ce n'est pas du tout la même chose; et si l'on ajoute que depuis l'établissement de ces nouveaux bulletins, nos concurrents étrangers ne peuvent plus nous calomnier, vous conviendrez, Messieurs, que vos observations avaient grandement leur raison d'être.

Enfin, dans la note qui nous a été remise, le Laboratoire cherche à établir une comparaison entre les plaintes actuelles du commerce français contre le fonctionnement du Laboratoire et les plaintes du commerce anglais contre la création des chimistes publics établis à Londres en 1871. Il n'y a là nulle analogie. Le commerce anglais traitait, au dire du Laboratoire, « tous les chimistes d'ignares autocrates ». Le commerce français s'est, au contraire, hautement félicité de l'installation du Laboratoire municipal. Il se plaint uniquement de ses théories, de ses moyennes, de ses procédés qui lui paraissent un peu trop personnels, et qu'il demande à faire contrôler par les plus hautes autorités scientifiques de notre pays. En appeler à la science elle-même des décisions d'un seul laboratoire, n'a rien que de fort légitime et de bien naturel, surtout si l'on réfléchit qu'il ne s'agit de rien moins que de la fortune et de l'honneur d'une nombreuse catégorie de citoyens.

En résumé, Messieurs, la Chambre de Commerce n'a qu'à se louer de son intervention à propos du fonctionnement du Laboratoire municipal.

Elle a formulé deux désiderata :.

Le premier a trait à la moyenne. Or, M. le Ministre du Commerce a nommé une Commission qui a pour mission d'en étudier la base. Dire que MM. Wurtz et Pasteur font partie de cette Commission, c'est indiquer suffisamment combien notre demande a paru sérieuse et digne d'être prise en considération.

Le deuxième touchant à la publicité, signalait ce qu'elle avait de tronqué, d'incomplet et de dangereux. Or le Laboratoire vient lui-même de la réformer dans sa partie statistique et essentielle.

Nous ne pouvions pas vraiment espérer mieux.

Paris, le 2 octobre 1883.

————————

Le présent Rapport a été discuté et adopté dans la séance du 28 novembre 1883 par la Chambre de Commerce de Paris, qui en a décidé l'impression.

Le Président,

DIETZ-MONIN.

Le Secrétaire,

MARCILHACY.

IMPRIMERIE CHAIX, RUE BERGÈRE, 20, PARIS. — 1230-4.